DE LART DE BORDENEUVE.

Cette famille, d'ancienne chevalerie de Béarn, était déjà florissante au onzième siècle.

Quant à son origine, perdue dans les temps reculés, obscurs du moyen âge, il serait difficile de l'établir; ainsi on ne sait pas avec précision si la famille a tiré son nom de la terre féodale *de Lart*, ou si elle le lui a donné? Toutefois ce qu'il y a de certain, c'est que cette famille possédait en 1118 cette terre seigneuriale (1), qui avait déjà de l'importance alors, puisqu'elle renfermait une église dont parlent les historiens de ce temps (1118) à l'occasion d'une double question

(1) Voir *Hist. généalol. et chronol. de la maison royale de France*, tome VII, page 39 de la table alph. des noms de terre : voir *Lart* (seigneurie de).

de juridiction et de propriété que l'évêque de Lescar éleva sur l'église de Lart ; qu'elle la conserva jusqu'au milieu du treizième siècle, et qu'elle était située dans les Pyrénées, à quatre lieues de Pau, entre Morlaas et Saint-Castin (1).

Puissants seigneurs dans les comtés de Béarn et d'Armagnac, les sires de Lart y prenaient part aux affaires les plus importantes de leur temps. En effet, on voit dans l'histoire que « le 11 avril 1154 Rai-
» mond-Guillaume de Lart est au nombre des Hauts
» Barons et des Gentilhommes réunis à Campfranc, en
» Aragon, pour y déléguer à Raimond Bérenger, roy
» d'Aragon, comte de Barcelone et de Provence, le
» protectorat des États du Béarn durant la minorité
» des enfants de leurs souverains (2). »

Lorsque Pierre Bérenger, troisième fils de Raymond, roi d'Aragon, partit pour la croisade, des chevaliers de cette maison l'accompagnèrent ; d'autres se croisèrent contre les Albigeois en 1214 et 1219.

En 1228 Ugon de Lart prend part au partage de la ville et du château de Pamiers, en faveur d'Amaury de Montfort (3).

Sous Philippe IV, dit le Bel, le 5 des ides de mai 1286, en la ville de Morlaas, Arnaud-Guillaume de Lart, assisté des barons, chevaliers et gentilshommes de Béarn, sanctionne les traités qui consacrent la réunion de la maison de Béarn à la maison de Foix (4).

(1) *Hist. de Béarn*, par Marca, page 449, chap. xxx (éd. 1640).

(2) *Hist. de Béarn*, *id. id.* chap. xxxiv (éd. 1640).

(3) Voir *Hist. du Languedoc*, par D. Vaissette, tome III, preuve 217.

(4) Voir *Hist. du Béarn*, par Marca, page 657.

On voit dans les lettres du prince Noir (prince de Galles), fils aîné d'Édouard III, roi d'Angleterre, et gouverneur de la principauté d'Aquitaine (Gascogne et Guyenne) acquise à l'Angleterre par le traité de Bretigny (1), qu'il fait (21 janvier 1350) « toutes ses » amitiés possibles à *son bien-aimé* Bertrand de Lart; ce Bertrand de Lart, mort en 1369, fut déposé dans la chapelle Saint-Georges au tombeau de ses ayeux (2).

En 1360, Amauric de Lart, secrétaire du régent, prend part aux traités qui se concluent entre le comte de Foix et les États de Languedoc (3).

« Le 9 juillet 1363, Bernard de Lart, en l'église » cathédrale (4) de Saint-André à Bordeaux, en » présence des barons, chevaliers et écuyers, prête » serment d'hommage au prince d'Aquitaine pour les » terres qu'il tient dans ladite province. »

En 1369 Arnaud de Lart est secrétaire chancelier de Charles V, dit le Sage; il fait rendre les ordonnances qui réglementent les bourgeoisies royales dans le Languedoc en 1376; ordonnance la manière dont seront exécutés les lettres royaux, les arrêts du parlement et les arrêts des sceaux privilégiés (5).

(1) Voir la *Collection générale des documents français*, publiés par M. Jules Delpit (Paris, 1847).

(2) Voir *Doat*, tome CXXI, folio 211. *Idem*, folio 224. (Bibliothèque royale de Paris, section des manuscrits.)

(3) Voir *Hist. du Languedoc*, par D. Vaissette, tome IV, preuve 257.

(4) Voir la *Collection des docum. français*, publiés par M. Jules Delpit, tome I, page 86 (Paris 1847).

(5) Voir A. *Trésor des Chartres*, registre 109. Voir *Registre du parlement de Paris* intitulé : *Arrêts et jugements du parlement*, registre 22, folio 303.

Voir *Ordonnances des rois de France*, tome V, page 477; *idem*,

Ce sage conseiller que le roi dans ses ordonnances appelait son *ami fidèle et dévoué* (*dilectum* et *fidelem*) fut nommé Gouverneur de Montpellier lorsque cette ville, par suite du traité de Paris, fut remise au roi de Navarre, Charles le Mauvais; Arnaud de Lart périt assassiné lors de la révolte mémorable de cette ville, le 25 octobre 1379; tous les historiens du temps ont fait le récit de cet événement (1) :

« Sur le mois d'octobre les habitants de la ville
» de Montpellier, parce qu'on leur demandait un
» ayde pour le fait de la guerre contre les Anglais,
» se rébellèrent contre les officiers du roi Charles V
» et en massacra jusqu'au nombre de quatre-vingt,
» entre lesquels l'histoire nomme Arnaud de Lart,
» gouverneur de Montpellier; Guy de Scery, séné-
» chal de Rouergue; Jacques de la Chaîne, secrétaire
» du duc d'Anjou, frère du roi, et plusieurs autres dont
» les corps furent jettés dans des puits après avoir été
» traînez par les rues; par quoi il en prit mal auxdits
» habitants, car l'Université fut condamnée à per-
» dre consuls, maisons, archers, communes, cloches
» et tous autres juridictions envers le roi de France
» et le duc d'Anjou, et quant aux seculiers, six cent
» des plus coupables condamnés à mourir, item les
» deux portaux de la ville, six tours et les murs
» à abattre et les fossés à remplir; en outre que la
» dite Université fonderait une chapelle de six cha-
» pelains à chacun quarante livres de rente, et qu'en

tome VI; *idem*, tome IX, page 348. Voir *Mémorial* D *de la chambre des comptes de Paris*, folio 6, vingt. 16, n° 136.

(1) Voir *Hist. du Languedoc*, par Pierre Andoque, page 425, liv. 13e. *Les Annales de Toulouse*, par La Faille, tome I, page 126.

» la dite chapelle serait mise la cloche de quoi on
» sonna le befroy quant fut la dite révolte faite contre
» les dits officiers, et l'an treize cent quatrevingt
» treize en juillet Bertrand Duguesclin, connestable
» de France, trespassa devant le Chasteau-Neuf de
» Randon où il avait mis le siége (1). »

Les descendants de cette maison continuèrent à mériter, par leurs loyaux et dévoués services, l'estime et l'amitié de leurs souverains.

Le 22 juillet 1440, Arnaud de Lart est confirmé,
« par lettres patentes données à Lesparre, dans la
» possession de l'hostel et château de Senterailles,
» scitué et assis dedans la ville de Bordeaux, au lieu
» nommé à la Grave, en la paroisse de Seint Michell,
» qu'il tenait et possédait par donation royale (2). »

En 1490, Jacques de Lart est conseiller-chambellan du roi Charles VIII.

En 1494, Louis de Lart est promu à la dignité de Sénéchal (3).

Des lettres et des brevets signés de Louis XII, du roi Charles IX et une correspondance d'Henri IV avec M. de Bellievre attestent l'attachement que ces monarques eurent pour cette famille.

En 1563, un sire de Lart est Mestre de cavalerie ;

(1) Voir les *Annales d'Aquitaine*, par Jehan Bouchet. Voir la *Mer des histoires*, chronique, chap. cix. Voir *Titres de Foix et d'Armagnac*, page 41. (Bibliothèque royale, section des manuscrits.) — Voir *Hist. et chronique de Provence*, de Cæsar de Nostradamus (édit. de 1614).

(2) Voir le *Catalogue des Rolles gascons*. Hen. 6, M. 5. *De confirmatione de Lart*. Voir aussi tome I, page 224 ; *Membrana*, 5, n° 37. *De confirmatione pro Arnaldo de Lart de Hospitio,* apud Burdegatem, Teste Rege (Collection Brequigny).

(3) Voir *Hist. du Languedoc*, par D. Vaissette, tome V, page 64.

en 1606, le roi Henri IV accorde 2,000 livres de pension « à son *sujet fidèle* et *dévoué amy,* pour les » longs services qu'il lui a rendus, et il le nomme son » chambellan pour l'approcher de sa personne. »

Dans une de ses lettres à M. de Bellièvre, en date de « 1609, Henry IV mande de confier au sire » Bertrand de Lart, un des plus fidèles serviteurs de » sa famille, le sac aux papiers, pour qu'il mène à » bonne fin, comme il l'a déjà fait en d'autres situa- » tions, les affaires qu'il a à cœur. »

Outre les grands dignitaires qu'a fournis cette famille, tels que Chancelier, Sénéchaux, Chambellan, Ministre, Gouverneur, Hommes de guerre, etc., etc., elle compte encore un Capitaine de cent hommes d'ar- mes (1); des Généraux, Lieutenant-généraux, colo- nels, lieutenants-colonels; un Major-général, com- mandant de Saint-Domingue en 1786; un Général d'artillerie, directeur de l'école militaire de La Fère en 1787; des officiers supérieurs; un lieutenant des maréchaux de France, Correspondant du gouverne- ment de Guyenne sous Louis XVI; des Pages à la cour de France et à Malte: des Officiers aux gardes du corps et dans les gardes d'honneur, etc., etc.

Beaucoup de ses membres ont été décorés des ordres de Saint-Michel, de Malte et de Saint-Louis, etc., etc. (2).

Cette famille a possédé les seigneuries féodales sui- vantes, qui ont servi à distinguer ses diverses bran-

---

(1) Voir le *Dict. de la noblesse*, par de La Chesnaye-Desbois, tome VIII : Généalogie de Lart de Bordeneuve.

(2) Voir le Tableau généal., *Hist. de la noblesse*, par Warroquier des Combles, tome III, page 58 (1783). Voir La Chesnaye-Desbois, tome VIII ; *idem*, de Courcelles, tome III, page 392.

ches : Bordeneuve (1), Régoulières (2), Campagnol (3), Montagnac, Lamothe, Fieux, Calignac, Lascombes, Aubiac, Baulens (4), Le Goulard, Le Buscou, Saint-Beauzal, Le Garrousel, La Boulbène, Castelgaillard, Cazeaux, Birac, etc., etc.

Plusieurs de ces fiefs étaient titrés.

Régoulières, Baulens, Bordeneuve étaient des baronnies ; Le Goulard était titré comté ; La Barthe-Massey, Aubiac étaient titrés marquisats. La terre d'Aubiac fut érigée en marquisat par lettres royaux lorsque cette seigneurie passa de la maison de Lart dans la maison de Narbonne-Lara, par le mariage d'Agésilas de Narbonne, second fils de Bernard de Narbonne, marquis de Firmacon, avec Henriette-Renée de Lart, dame de Birac et d'Aubiac, fille de Joseph de Lart, seigneur des mêmes lieux, et de Marie de Noailles. Voir à cet effet la Généalogie des vicomtes de Narbonne, premiers marquis d'Aubiac, branche d'Aubiac. Voir la note n° 1 de la page suivante.

Cette famille s'est autrefois subdivisée en plusieurs branches qui s'établirent en Albret, en Armagnac, en Navarre, en Languedoc, en Guyenne, en Gascogne.

(1) Deux terres portent ce nom : l'une est située en Béarn, proche Cazeaux, à trois lieues et demie de Vic-Fezensac, dans le comté d'Armagnac, mentionnée sur la carte de Cassini, n°74 ; la seconde, sise sur les bords du Lot à une demi-lieue de Saint-Livrade, fut possédée par la famille jusqu'en 1790.

(2) Voir le *Nobiliaire universel de France*, par Saint-Allais (1818) ; Généal. Touchebœuf-Beaumond. Voir le *Dict. universel de la noblesse de France*, par de Courcelles, tome XII, page 49 ; Généal. de Montalembert, etc., etc. Le château de Régoulières existe encore ; il est assis sur les bords du Lot.

(3) Voir *Arm. gén.* ; Généralité de Bordeaux, p. 808. Voir aussi *Dict. de la noblesse*, par de La Chesnaye-Desbois, t. VIII ; Gén. de Lart.

(4) Voir le Tableau généal., *Histor. de la noblesse*, par Warroquier des Combes, t. III, p. 58 ; Généalog. des comtes de Bazon.

Les branches qui subsistent sont celles des comtes de
Lart de Bordeneuve, dont la branche aînée est représentée par Étienne-Jean-Baptiste-Pierre-Charles de
Lart de Bordeneuve, vivant; et la branche cadette,
par Alexandre-François de Lart de Bordeneuve, dont
il sera parlé ci-après, vivant.

La branche de Campagnol est représentée par Jacques Arnaud, baron de Lart de Campagnol, ancien
officier supérieur en retraite, résidant à Campagnol (1);
sans enfants; et la branche de Lart de Régoulières,
par le baron de Lart de Régoulières, ancien officier des
gardes du corps du roi et membre du conseil général
de la Dordogne en 1847. Le nom de cette branche
subsiste, quoiqu'elle soit tombée en quenouille et
même se soit éteinte, ainsi qu'il est rapporté dans le
Dictionnaire de la noblesse de La Chesnaye-Desbois,
tome VIII, généalogie de la maison de Lart; et aussi
dans le Dictionnaire Universel de la noblesse de France,
par Saint-Allais, à la Généalogie de la famille Touchebœuf-Beaumond, baron de Junies, qui avait épousé
en 1744 demoiselle Cécile de Lart de Régoulières. Du
mariage de M. de Lart de Régoulières avec mademoi-
selle de Béraud, est né :

1° Odilon de Lart de Régoulières;

2° Gabrielle, mariée le 22 août 1849, avec M. Louis
Guiraudès, baron de Saint-Mézard.

Enfin, il y a une quatrième branche de la maison
de Lart, aujourd'hui établie au Port Sainte-Marie, en
Agénais.

(1) Voir *Maison royale de France*, par Anselme et du Fourny,
tome IV; Généalog. Noailles. Voir, tome VII, Maréchaux; Généalogie de Narbonne. La terre de Campagnol est à deux lieues de
Villeneuve-d'Agen, à une demi-lieue de Penne.

Les nombreux documents cités dans cette généalogie sont remarquables en ce qu'il font partie des actes publics de la monarchie française, étant consignés dans les archives du royaume, dans la Collection des ordonnances des rois, dans les registres des parlements, dans les trésors des chartres et dans les bibliothèques nationales.

Cette esquisse historique aurait été enrichie de beaucoup d'autres faits si les guerres civiles et religieuses, qui ont désolé tout particulièrement le Languedoc, la Guyenne et les comtés de Béarn, de Foix et d'Armagnac, dès le 12e et pendant les 14e 16e et 17e siècles, n'avaient pas amené l'incendie de nombreux documents : néanmoins, on peut en outre consulter les vérifications de titres et d'armoiries faites par-devant les juges d'armes et les intendants du roi, notamment le 23 janvier 1697, en exécution de l'édit rendu par Louis XIV, au mois de novembre 1696, ainsi que les maintenues de noblesse du 24 juillet 1716 et du 1er juillet 1769 (1).

La filiation de la branche de Lart de Bordeneuve, établie par actes réguliers et authentiques, remonte jusqu'au milieu du xive siècle; « son auteur, qualifié de *haut* et *puissant* seigneur dans un procès-verbal d'hommage au roi de Navarre, déposé aux archives du château de Nérac, sous la cote 4e, 2e liasse, » est Jean de Lart de Régoulières, qui épousa Catherine de Cotlonges le 10 décembre 1579 : il en eut deux fils, dont le second, nommé aussi Bertrand,

(1) Voir l'*Armorial général de d'Hozier*. Généralité de Bordeaux, page 300. (Biblioth. royale, section des manuscrits.) — Voir aussi La Chesnaye-Desbois, tome VIII, Généalog. de Lart de Bordeneuve.

reçut et laissa à son fils aîné la seigneurie de Bordeneuve.

DE LART DE BORDENEUVE.

1° Bertrand, comte de Lart de Bordeneuve, premier
du nom, marié le 22 janvier 1641 à demoiselle
Françoise de Coquet, fille d'Antoine de Coquet, baron
de la Roche de Guimps, Grand Maître d'Hôtel de
Henri IV, et d'Anne de Conquard, avait été lieute-
tenant-colonel au régiment de Bourbon. Il mourut
en 1684, à l'âge de 75 ans, et fut enterré au tombeau
de ses ancêtres, dans l'église du Temple-du-Breuil(1)
en Agénais. De son mariage il avait eu :

2° Antoine de Lart de Bordeneuve, marié le 19
septembre 1678 à demoiselle Isabeau de Sacriste,
fille de Jehan de Sacriste et de demoiselle Marie-
Thérèse d'Arnaudat, dont :

3° Jean de Lart de Bordeneuve, marié le 7 juillet
1712 à demoiselle Jeanne de Baratet de Laussac,
fille de Jacques de Baratet de Laussac, conseiller du
roi au parlement de Bordeaux, maire perpétuel de
Villeneuve-d'Agen, et d'Anne de Heymès, et décédé
le 17 janvier 1752(2), dont :

Jean-Jacques qui suit et Charles de Lart de Bordeneuve, chevalier de l'ordre royal et militaire de
Saint-Louis, appelé le *chevalier de Bordeneuve*. Ce fut
un des braves des guerres de Louis XIV ; il périt assassiné, à Agen en 1790, par la populace qui voulait l'em-

(1) L'église du Temple-du-Breuil était consacrée à la sépulture des
membres de la famille, et ses caveaux existent encore aujourd'hui ;
le Temple-du-Breuil est à quatre lieues de Villeneuve-d'Agen.

(2) Voir *Armorial général*, vol. 13, page 93 ; *idem*, pages 697 et
809. Généralité de Bordeaux : Biblioth. royale, sect. des manuscrits.

pêcher de porter sa croix de Saint-Louis, dont il était dé-
coré depuis 37 ans. Le souvenir de ce crime révolutionnaire vit dans la province de l'Agénais, où l'on raconte
encore des traits de sa vie, de sa bravoure, et sa mort.

4° Jean-Jacques de Lart de Bordeneuve, lieutenant-
colonel du régiment de Richelieu, mourut des bles-
sures reçues au siége de Philippsbourg ; il s'était
marié en 1743 à demoiselle de Laval d'Albert de
Parasol, fille de dame Serêne de Gamel et d'Armand
d'Albert de Laval, dont les quatre frères étaient chevaliers de Saint-Louis. Le dernier héritier de la maison d'Albert est mort sans enfants dans l'émigra-
tion : de ce mariage est né le 31 janvier 1746 :

5° Charles de Lart de Bordeneuve, nommé capitaine
des grenadiers royaux le 15 septembre 1771, lieutenant de MM. les maréchaux de France le 28 juillet
1784 et correspondant du gouvernement général
de la Guyenne sous Louis XVI, place honorifique
créée en sa faveur par M. le comte de Noailles,
duc de Mouchy, gouverneur de la Guyenne ; le
14 mars 1789, nommé commissaire de l'Ordre de
la Noblesse à Agen pour la rédaction des cahiers
de doléances ; élu maire du Temple-du-Breuil le
8 février 1790, juge de paix de Saint-Livrade le
5 janvier 1792 ; emprisonné le 23 décembre 1792
et dénoncé au tribunal révolutionnaire à Bordeaux ;
mort le 20 mai 1819.

Marié le 13 décembre 1772 à demoiselle Marguerite-
Élisabeth d'Aurière, fille de Mathieu d'Aurière et de
demoiselle de Bousquet (1).

____

(1) Cette famille d'Aurière est aujourd'hui éteinte. Mathieu d'Au—

Charles de Lart de Bordeneuve eut de son mariage avec demoiselle Maguerite-Élisabeth d'Aurière, décédée le 14 janvier 1792, Charles-Pierre de Lart de Bordeneuve; et de son second mariage, avec demoiselle Marguerite Marsillac, il eut François de Lart de Bordeneuve, né le 17 avril 1796; entré volontaire au 3ᵉ régiment des gardes d'honneur le 24

rière, conseiller à la cour des aides de Bordeaux, était oncle du comte de Lacépède, président du sénat, grand chancelier de la Légion d'honneur, et laissa trois filles, dont deux, quoique mariées, sont mortes sans postérité; la troisième est décédée supérieure du couvent de Fontevrault près Agen. Il eut un fils, Jean-Baptiste d'Aurière, qui fut colonel du dernier régiment des mousquetaires noirs du roi Louis XVI. Il devint colonel du régiment de Béarn (15ᵉ dragons) le 18 mai 1792, puis chef de la 29ᵉ demi-brigade; il fit brillamment toutes les guerres de la Hollande. Au mois de mars 1795, il fut nommé commandant d'Amsterdam. La ville, reconnaissante de son gouvernement, lui offrit, comme marque de gratitude, un cheval de bataille ferré d'argent. Le 22 septembre 1796 il devint chef de la 14ᵉ demi-brigade (surnommée *la terrible*), fit les campagnes d'Italie; était à Rivoli (15 janvier 1797), où la 14ᵉ demi-brigade se signala et mérita cette inscription sur son drapeau : *A la brave 14ᵉ de ligne.* 1ʳᵉ et 2ᵉ affaires de Rivoli; passage du Tyrol. Le 26 janvier elle part de Rivoli avec la division Joubert, dont elle faisait partie, pour pénétrer dans le Tyrol. La 14ᵉ est arrêtée devant Avio, village retranché, adossé à la chaîne des montagnes sur la rive droite de l'Adige, et protégé par le canon de la petite ville d'Alla, située en face, sur l'autre rive du fleuve. Elle fait une nouvelle attaque, dans laquelle les grenadiers parviennent à frayer un passage. Le 27 janvier 1797, l'attaque d'Avio recommence avec une grande vigueur. Le chef de brigade d'Aurière, à la tête d'une partie de la 14ᵉ, s'élance dans les retranchements; en cet instant il est frappé mortellement. Le général Baraguey-d'Hilliers, sous le commandement duquel la demi-brigade venait de passer, dirigeant en personne l'autre partie de la 14ᵉ, gravit le parapet et s'empara des retranchements; mais le succès de cette journée couvrit d'un voile funèbre toute la demi-brigade, qui venait de perdre le chef sous lequel elle était habituée à battre l'ennemi. Les deux pièces de canon qui furent données au général d'Aurière comme armes d'honneur, en commémoration de la prise du fort de Crèvecœur, sont à Saint-Livrade, sa ville natale, où elles servent dans les solennités publiques. (Extrait d'un ouvrage intitulé *Les fastes du 14ᵉ régiment d'infanterie de ligne.*) Librairie militaire d'Anselin, passage Dauphine, 36. 1 vol. in 8 (1836). — Voir aussi les *Fastes de la gloire,* 5 vol. in-8. (Paris, Raymond, libraire; Ladvocat, libraire.)

juin 1813 , a fait les campagnes de Leipsick, Hanau
et Landau; licencié lors de la dissolution du régiment des gardes d'honneur en 1814; actuellement
sous-inspecteur dans l'administration des forêts;
épousa, le 17 octobre 1830, demoiselle Françoise
Mathieu, fille de M. Mathieu et de demoiselle Posson ,
dont :

1° Adélaïde ,

2° Émilie ,

3° Jules.

6° Charles-Pierre de Lart de Bordeneuve , né le
1er août 1774 , décédé le 26 janvier 1840. Élevé chez
les Oratoriens, au collége de Condom, fut nommé page
du roi Louis XVI, dans sa grande écurie, sur les preu-
ves de sa noblesse justifiées par titres et présentées en
1787 par M. le comte Henri de Montesquiou-Fezensac,
son allié, capitaine-colonel en survivance de la com-
pagnie des Suisses de M. le comte d'Artois; réformé
le 20 août 1789 avec l'institution ; dénoncé comme
aristocrate, arrêté, emprisonné, et traduit à la barre
du tribunal révolutionnaire ; en 1802 secrétaire du
cabinet du grand chancelier de la Légion d'honneur,
comte de Lacépède, son oncle (1) ; marié en premières
noces, le 18 septembre 1813, à la comtesse de Maillis ;
épouse en secondes noces, le 2 juin 1819, demoiselle

(1) Le comte de Lacépède, grand chancelier de la Légion d'honneur, ministre d'État et pair de France, était grand-oncle à la mode
de Bretagne de Charles-Pierre de Lart de Bordeneuve; Germaine
d'Aurière, tante de ce dernier, ayant épousé, le 20 juin 1741, Antoine de la Ville-sur-Ilon, comte de Lacépède. Le grand-père de
madame la vicomtesse de Broglie, le baron de Saint-Savin, était le
cousin germain de Germaine d'Aurière. Voir tome XV, Généal. de
Lacépède : La Chesnaye-Desbois.

Marie-Éléonore Belleville, fille de Pierre-Denis Belleville et de demoiselle Godot-Mauroy, dont :

7° Étienne-Jean-Baptiste-Pierre-Charles de Lart de Bordeneuve vivant, chevalier de l'ordre de Sa Majesté très-fidèle (1).

ALLIANCES ET ILLUSTRATIONS.

Cette maison a dû ou fourni directement des filles aux familles suivantes :

Noailles (2), Montalembert (3), Narbonne-Lara (4), Pardaillan-Gondrin (5), Rafin-d'Hauterive (6), de Guiscard (7), de Touchebœuf-Beaumond (8), de la Barthe (9), de Bazon (10), de Chaunac (11), de Junies, de Cours, de Gironde (12), de Saint-Félix (13), de Baratet de Laussac, de Buren, de Vassal (14),

(1) Brevet du 14 juillet 1849.

(2) Voir *Hist. de la maison royale de France*, par Anselme et du Fourny, tome IV ; Généal. Noailles.

(3) Voir de Courcelles, tome X, page 244 ; *idem*, page 243 ; *idem*, tome XII, page 49.

(4) Voir *Hist. de la maison royale de France*, par Anselme et du Fourny, tome VII, page 774 ; Généal. Narbonne-Lara.

(5) Voir de La Chesnaye-Desbois, tome VIII ; Généal. de Lart.

(6) *Id.*   *Id.*   *Id.*   *Id. Id.*   *Id. Id. Id.*

(7) Voir *Armorial général de d'Hozier*, reg. IV ; Généalogie de Guiscard (marquis).

(8) Voir *Nobil. univ. de France*, par Saint-Allais ; Généal. de Touchebœuf-Beaumond.

(9) Voir La Chesnaye-Desbois, tome II, page 9. Voir aussi, page 629, tome XV, La Chesnaye-Desbois ; Généal. de Lacépède.

(10) Voir Warroquier des Combles, tome III, page 58.

(11) Voir Musée de Versailles, salle des Croisades.

(12) Voir de Courcelles ; Généal. de Gironde. Voir Saint-Allais.

(13) Voir de Courcelles, tome II, page 17.

(14) *Id.*   *Id.*   *Id.* VIII, page 84.

d'Auxillon (1), de Laborie, Goujet de Casteras (2),
de Lustrac, de Cotlonges, de Laval d'Albert, de Lar-
rendat, de Lacassin, de Vilhère, de Beaupuy, de
Mesenger, de Beauger, de Commarque, Danduran,
de Montpezat, d'Aurière, Maillis, Marsillac, Belleville, de Béraud (3), Mathieu, Guiraudès de Saint-
Mézard, etc., etc.

Elle s'est alliée aux Montesquiou de Fezensac (4),
Pic de la Mirandole (5), de Bourzolle (6), de Lacépède, de Belonde, de Rohan (7), de la Vessière, de
Belsunce (8), d'Audebart, du Faure de Rouffilhac,
de la Goutte de la Poujade, de Fleury (9), de Montalembert, de la Brunetière, de Bruyères (10), de
Clermont-Tonnerre (11), de Bouran, de Malet de la
Rochette, de Lomagne (12) de la Roche Fonte-
nille (13), de Gontaut (14), Godot-Mauroy, Posson, etc., etc.

(1) Voir Lainé, *Archiv. de la noblesse de France*, tome II, et le
Musée de Versailles.

(2) *Id.*   *Id.*   tome IV, page 15.

(3) Voir Anselme et du Fourny, *Maison roy. de France*, tome VII;
Généal. de Narbonne.

(4) Voir la troisième croisade. — Charte de Jaffa, 1191.

(5) Voir Warroquier des Combes, tome III, page 58.

(6) Voir   *Id.*   *Id.*   *Id.*

(7) Anselme et du Fourny, tome IV, page 789.

(8) De Courcelles, tome X, page 223.

(9) Voir Anselme et du Fourny, tome IV.

(10)   *Id.*   *Id.*   Tome VII, p. 243 C.

(11)   *Id.*   *Id.*   *Id.*   *Id.* D.

(12)   *Id.*   *Id.*   *Id.*   *Id.* C.

(13)   *Id.*   *Id.*   *Id.*   *Id.* D.

(14)   *Id.*   *Id.*   Tome IV, page 789.

CHEF DU NOM ET D'ARMES.

Étienne-Jean-Baptiste-Pierre-Charles, comte de Lart de Bordeneuve.

ARMES (1) :

Parti : au premier d'azur, à trois pals d'argent ; au second, écartelé ; au premier et quatrième, bandé d'or et de gueules ; au second et troisième d'argent à un lion d'or et sable, armé et lampassé de gueules.

Timbre : couronne de comte.

Devise : *Crede*.

(1) Voir *Armorial général de d'Hozier*, Généralité de Bordeaux, page 634. (Biblioth. royale, section des manuscrits.) — *Idem*, *Armoiries peintes*, vol. XIII, page 803. Guyenne ; Généralité de Bordeaux.

1850. — Paris. — Typographie Plon frères, rue de Vaugirard, 36.